NICOLA D'ANTUONO

FOREX SCALPING

L'Operatività del Trader dall'Ingresso nel Mercato alla Gestione del Rischio

Titolo

"FOREX SCALPING"

Autore

Nicola D'Antuono

Editore

Bruno Editore

Sito internet

www.brunoeditore.it

Sommario

Introduzione

Negli ultimi anni il Forex ha catturato l'attenzione di una miriade di trader, in passato impegnati soprattutto sui mercati azionari, obbligazionari e non solo. Ogni giorno centinaia di nuovi trader in erba si affacciano con interesse sul mercato delle valute sognando la possibilità di realizzare guadagni stellari, aprendosi così floride prospettive in campo professionale.

D'altronde, lo *start-up* per i trader neofiti potrebbe sembrare poco impegnativo. Una volta allestito un piccolo spazio per l'hardware necessario (pc, monitor ecc.) e aperto un conto presso un broker autorizzato, sono potenzialmente in grado di guadagnare un bel po' di denaro… ma anche di bruciare velocemente il conto!

Non tutti dispongono del bagaglio di conoscenze sia tecnico (strategie operative) che tattico (psicologia e gestione del rischio) necessario per iniziare a fare trading, quantomeno con un piccolo vantaggio competitivo. È chiaro, dunque, che la facilità con cui si può accedere a un mercato con un turnover da quasi quattro trilioni di dollari al giorno può diventare la spada di Damocle in grado di tagliare velocemente i ponti tra l'illusoria facilità di guadagno e la realtà costellata da innumerevoli sfide quotidiane. Prepararsi adeguatamente è un dovere per un trader realmente interessato a trasformare il trading sulle valute in una fonte di reddito.

Dopo il successo di *Trading nel Forex*, ho deciso di creare una nuova guida che si adattasse meglio ai trader interessati a un approccio operativo più dinamico sul mercato valutario. *Forex Scalping* nasce per offrire ai trader uno strumento operativo essenziale, dall'organizzazione del lavoro quotidiano fino alla scoperta delle migliori strategie.

Nicola D'Antuono

CAPITOLO 1:
Come utilizzare la tecnica del *breakout*

Raccogliere tanto nel minor tempo possibile è il sogno di chiunque si avvicini per la prima volta al mondo del trading. Per raggiungere un buon livello di successo utilizzando strategie di brevissimo periodo è necessario conoscere pregi e difetti del proprio stile operativo, gli ostacoli che incontreremo lungo il percorso di crescita e il modo più indolore per superarli, senza subire grosse ripercussioni sia finanziarie che psicologiche.

Prima di iniziare a fare scalping bisogna imparare a conoscere bene se stessi e procedere con una sorta di auto-valutazione della propria personalità, allo scopo di prevedere il nostro probabile approccio emotivo in questa attività.

A tal proposito potrebbe essere molto utile rispondere a domande del tipo: « Sarò in grado di sopportare una serie di operazioni negative?», « Sarò capace di rispettare il piano di trading senza alcuna esitazione o paura?» Ho conosciuto molti traders in grado di guadagnare grosse cifre con un *account demo*, utilizzando tecniche molto elementari (vicine a un ingresso di tipo "random", cioè casuale) e con modalità di gestione del rischio davvero approssimative.

Non appena passano a un conto con denaro reale, ecco arrivare i primi problemi: alcuni azzerano il conto, altri lasciano dopo poche settimane o qualche mese. Soltanto pochi trader riescono a mantenere una buona continuità, realizzando profitti regolari dopo il passaggio dall'*account demo* a quello con *real money.*

La verità è che quando si fa trading con il proprio denaro sopraggiungono diversi tipi di paure, come commettere errori nella gestione delle operazioni, perdere denaro o lasciarsi sfuggire un movimento direzionale che sarebbe stato in grado di assicurarci un profitto spettacolare.

Uno dei modi per combattere queste paure è quello di **esporsi sul mercato in modo graduale, limitando il cosiddetto "effetto leva"** fino a quando non si otterrà un aumento del valore reale del conto.

Si tratta di una regola elementare che solo pochi aspiranti trader prendono in considerazione. Ecco così spiegato perché solo una ristretta cerchia di questi riesce a proseguire in questa attività.

Infatti tutti possiedono, più o meno, la stessa formazione sia dal punto di vista tecnico, sia nell’ambito della gestione del rischio. Solo pochi, però, riescono a superare l’ostacolo più grande che si incontra quando si fa trading: la **paura di sbagliare** e di **perdere denaro.**

Liberarsi da questa condizione psicologica non è semplice, ma nemmeno impossibile. Fare del trading un’attività di successo è realizzabile a patto che si rispettino i seguenti punti:

- rispettare il piano di trading senza lasciarsi sopraffare dall’emotività;
- accettare le perdite e inquadrarle come “costi fisiologici di gestione”;
- lasciar correre i profitti quando un’operazione inizia ad andare per il verso giusto.

SEGRETO n. 1: per avere successo nel trading bisogna superare la paura di sbagliare e di perdere denaro.

Un *forex scalper* ha il dovere di organizzare al meglio la propria attività quotidiana, considerando tutti i possibili elementi in grado di influenzare l'andamento dei principali tassi di cambio. In un mercato aperto quasi ventiquattro ore al giorno è necessario non disperdere preziose energie psico-fisiche in orari caratterizzati da movimenti poco interessanti.

Il Forex ha la peculiarità di poter essere suddiviso in tre sessioni: asiatica, europea, americana. Le più importanti per uno scalper sono quella europea e americana. Tuttavia, parliamo ancora di un arco temporale piuttosto ampio (dalle ore 8 alle ore 22), per cui sarà necessario effettuare un'ulteriore suddivisione per individuare le fasce orarie potenzialmente in grado di catturare interessanti movimenti direzionali.

Iniziamo con la sessione europea, che riesce a calamitare il maggior volume di scambi giornalieri grazie soprattutto alle transazioni della *City* londinese che accoglie le principali banche d'affari che operano sul Forex.

Con l'apertura dei principali indici azionari europei, alle ore 9, è possibile assistere ai primi movimenti direzionali. Di solito prendono forma nei minuti immediatamente successivi all'apertura degli indici oppure nel giro di un'ora dall'inizio delle contrattazioni.

In questa fascia oraria sarà possibile effettuare le prime operazioni di trading della giornata, sfruttando semplicemente il *breakout* del massimo/minimo dei primi 15-30 minuti di contrattazione, oppure il *breakout* del massimo/minimo del giorno precedente (meglio ancora se si tratta di livelli tecnici rilevanti, come un massimo/minimo a due mesi, annuale e così via).

La strategia basata sul *breakout* è davvero semplice da attuare, sia dal punto di vista del timing di ingresso, sia per quanto riguarda la gestione della posizione. **Il *breakout* è il superamento di un livello tecnico rilevante in grado di determinare un movimento direzionale nei minuti immediatamente successivi**, generando così un forte afflusso di acquisti (in caso di rottura rialzista) o di vendite (in caso di rottura ribassista).

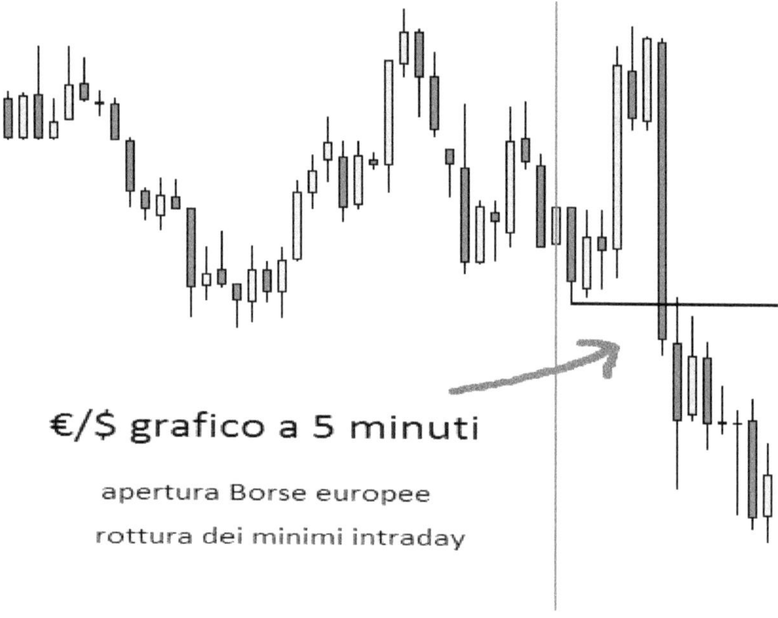

Tuttavia, non si può intervenire in *breakout* semplicemente dopo i primi 15-30 minuti senza valutare nessun altro indicatore. Per rendere efficace questa tecnica è necessario svolgere un attento lavoro di analisi sia a fine giornata (diciamo già intorno alle ore 21), sia nel corso della stessa, individuando le configurazioni grafiche (pattern) che si sposano meglio con la strategia del *breakout*.

Il lavoro di analisi a fine giornata sarà rivolto principalmente a rispondere a queste domande:

- Quali tassi di cambio sono in forte trend giornaliero?
- Quale driver macroeconomico sta muovendo il mercato?
- Che tipo di mercato stiamo affrontando? In trend o laterale?

Conoscere la valuta più acquistata negli ultimi giorni e l'eventuale evento macro che sta attirando i flussi di denaro verso questa *currency* può essere il modo migliore per partire con un vantaggio competitivo nella ricerca delle opportunità di trading sul mercato.

Capire il contesto macroeconomico corrente e il *sentiment* degli investitori può essere molto utile per capire dove si stanno dirigendo i flussi di denaro. Quando imperversa il nervosismo tra gli investitori, è molto probabile che il denaro giunga nei cosiddetti "beni rifugio", come i bond, l'oro, l'argento e il franco svizzero. Viceversa, in contesti di euforia e/o stabilità, il denaro tende a spostarsi in aree economiche con rendimenti più alti (valute di paesi emergenti, mercati azionari), anche se caratterizzate da un maggior livello di rischio.

Se osserviamo il prossimo grafico relativo a USD/CHF su base *daily*, possiamo notare una forte discesa delle quotazioni con avvicinamento ai precedenti minimi storici in un contesto di forte avversione al rischio (*risk aversion*).

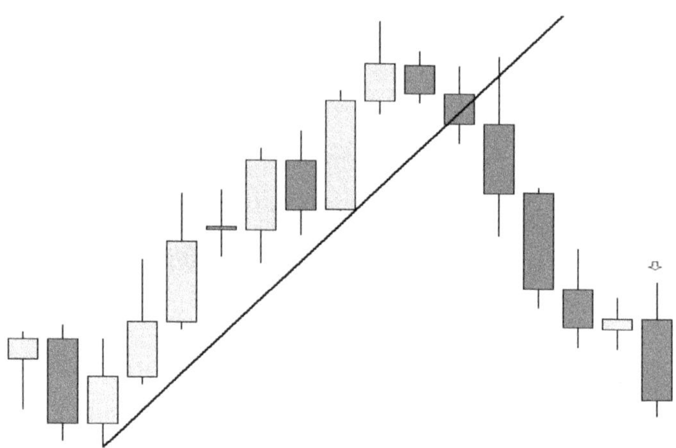

In linea generale si tratta di un tasso di cambio potenzialmente adatto per essere lavorato nell'*intraday*, perché caratterizzato da una buona forza del trend in atto. Passiamo ora su un *time frame* più stretto, il "5 minuti", per verificare la presenza di una potenziale opportunità di trading in una delle due principali sessioni operative.

Ancora di più rispetto alla sessione europea, l'inizio delle contrattazioni a Wall Street rappresenta un momento di grande interesse per milioni di investitori di tutto il mondo, in quanto quasi sempre si decide la tendenza nelle ore successive.

Nel nostro caso, cioè per il cambio USD/CHF, possiamo notare dal prossimo grafico a 5 minuti, come i prezzi si siano diretti verso i minimi di giornata poco dopo l'apertura di Wall Street, effettuando un *breakout* esplosivo.

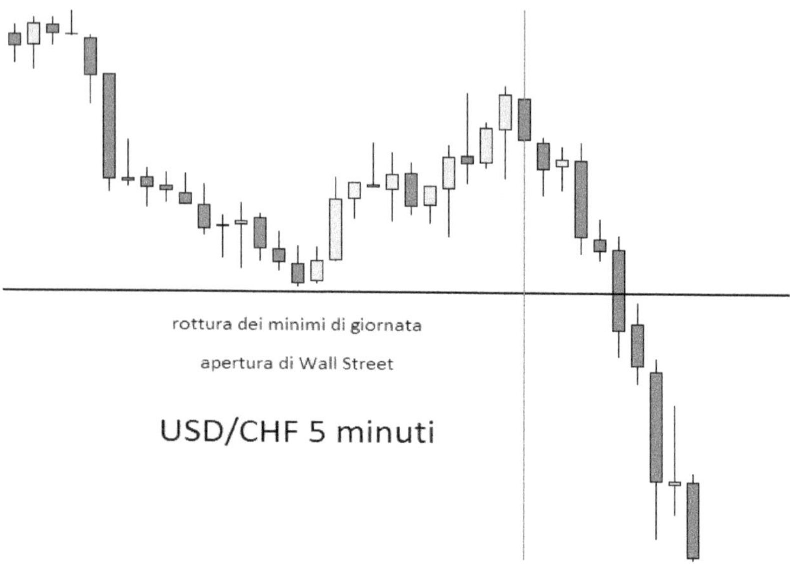

Ricorda che **i migliori *breakout* avvengono quasi sempre poco dopo l'apertura di Wall Street**, per cui ti consiglio di prestare attenzione a questa fascia oraria. Tra l'altro, a partire dalle ore 14, la sessione europea e quella americana si intrecciano e il mercato raggiunge il picco dei volumi. Fino alle ore 17, cioè poco prima della chiusura delle piazze finanziarie europee, i volumi sono molto sostenuti e le opportunità di trading sono spesso numerose.

Questa strategia può essere utilizzata anche con le materie prime più correlate all'andamento delle valute (soprattutto al dollaro statunitense, in quanto così denominate), come l'oro e l'argento. Questi due metalli preziosi vengono considerati come "beni rifugio" nei periodi di maggiore turbolenza dei mercati finanziari e hanno quasi sempre un andamento inversamente correlato a quello del dollaro USA.

Il prossimo esempio grafico si riferisce proprio a un movimento direzionale sull'argento (silver). I prezzi effettuano un *breakout* esplosivo dopo circa mezz'ora dall'apertura della Borsa di Wall Street.

SEGRETO n. 2: bisogna ricercare i migliori *breakout* poco dopo l'apertura della Borsa di Wall Street.

La gestione della posizione con la tecnica del *breakout* è molto semplice. Quando si entra sul mercato a seguito di una rottura, basta inserire lo stop loss protettivo iniziale sopra il massimo della candela di *breakout* (se la rottura è ribassista) o sotto il minimo della candela stessa (se la rottura è rialzista).

In genere, lo stop loss iniziale non dovrebbe eccedere i 20 pip (*spread* compreso) per un rapporto rischio/rendimento almeno di 1:1,5 per il primo target. Questo vuol dire che se prendo posizione long (cioè al rialzo) su EUR/USD a 1,37 con stop loss a 1,3680 (rischio = 20 pip), il mio primo target sarà almeno a 1,3730.

Al raggiungimento del primo target, lo stop loss viene spostato subito in pareggio. Il resto della posizione, invece, sarà gestita in *trailing stop*, cioè alzando lo stop in profitto a mano a mano che i prezzi continuano a salire. Passiamo ora a un esempio pratico.

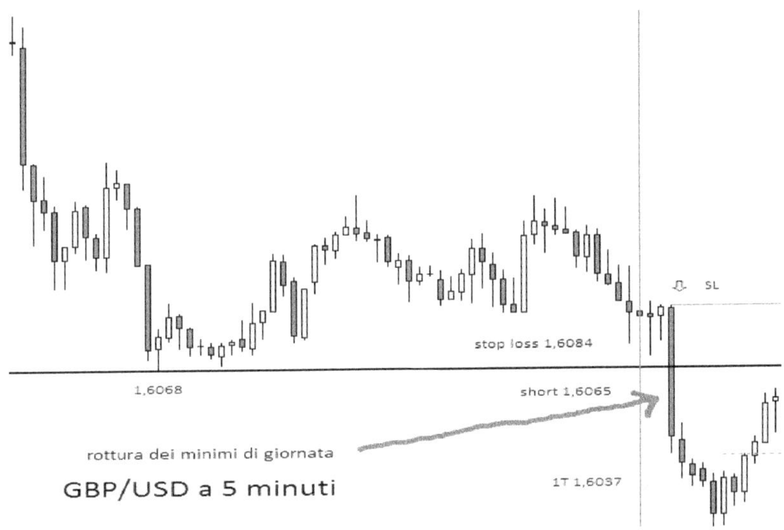

Poco dopo l'apertura di Wall Street il tasso di cambio GBP/USD effettua il *breakout* dei minimi di giornata posti a 1,6068. Prendiamo posizione short (cioè al ribasso) a 1,6065 e inseriamo lo stop loss poco sopra il massimo della candela di *breakout* a 1,6084. Il rischio iniziale è di 19 pip e il nostro primo target sarà inserito a 1,5 volte l'ampiezza dello stop loss iniziale. Quindi, 19*1,5 = 28,5.

Il primo target sarà di 28 pip sotto il nostro livello di ingresso, cioè a 1,6037. Dopo quindici minuti i prezzi raggiungono il *take profit* ipotizzato. Sulla risalita dai minimi si chiude anche la restante posizione in *stop profit* utilizzando la tecnica del *trailing stop* (vedi linea tratteggiata rossa sul grafico).

Ci sono poi situazioni in cui bisogna fare valutazioni più approfondite prima di prendere posizione a seguito della rottura dei massimi o dei minimi di giornata. Il prossimo esempio si riferisce al cambio USD/JPY, inserito nella *watchlist* in quanto è in trend ribassista da diversi giorni. Tuttavia, durante la sessione europea avviene un rimbalzo tecnico dai minimi di giornata di 82,52. Con l'apertura di Wall Street viene ristabilito velocemente il trend ribassista con i prezzi che iniziano una forte discesa verso i minimi *intraday.* In questi casi il movimento al ribasso è già molto sostenuto nel lasso di tempo che intercorre tra l'apertura a Wall Street e il *breakout* dei minimi di giornata.

Prendere posizione sul *breakout* dopo un ripido movimento direzionale potrebbe non essere una scelta ottimale. Infatti molti trader entrati short dopo l'apertura di Wall Street potrebbero decidere di liquidare in profitto almeno parte della posizione sui minimi di giornata identificandoli come un primo "obiettivo tecnico" da raggiungere. È probabile, quindi, almeno un rimbalzo dai minimi prima di prendere nuovamente la strada verso il basso: meglio attendere un nuovo *breakout* prima di prendere eventualmente posizione sul mercato.

Andiamo ora ad analizzare un'altra strategia basata sul *breakout*, valida solo per le operazioni short a causa della particolare forma assunta dalla configurazione grafica. Si tratta del cosiddetto **pattern a L**. Ho scoperto questo pattern per la prima volta molti anni fa in un libro scritto dal trader americano Barry Rudd: *Stock Patterns for Day Trading 2* (Trading Library, 2005). È stato concepito per i trade short sulle azioni, ma nel corso del tempo ho notato che risulta essere molto redditizio anche su altri mercati.

Andiamo subito a vedere un primo esempio grafico per capire meglio il concetto. Il grafico proposto è relativo a EUR/JPY, *time frame* a 5 minuti. Possiamo notare una forte discesa da area 113,40 fino a 112,75, quasi in linea retta, e subito dopo una fase di consolidamento dei prezzi che dura quasi due ore. Il pattern si completa esclusivamente a seguito della rottura dei precedenti minimi, quindi nella direzione del trend primario. Dal grafico si può notare la forma a **L** assunta da questo pattern.

Si prende posizione short sulla rottura dei minimi con stop loss sopra la candela di *breakout*. In base all'esempio proposto, lo stop loss iniziale è stato inserito su un livello più alto perché sopra il massimo della candela di *breakout*, a poco più di 4-5 pip di distanza dal punto di ingresso. Alla fine lo stop loss protettivo è di una quindicina di pip e il target è posto a 1,5 volte il rischio iniziale.

I requisiti essenziali per poter parlare di **pattern a L**, e magari identificare quelli migliori, possono essere così sintetizzati:

- discesa minima di 30-50 pip (meglio ancora con la presenza di almeno un paio di candele ad ampio range da 15-20 pip);
- consolidamento di almeno quindici minuti dopo la formazione di un nuovo minimo di giornata (i prezzi devono muoversi in trend laterale).

Il **pattern a L** è molto raro, ma quando appare ha una probabilità di successo molto elevata. Di seguito ti propongo un altro esempio, questa volta su EUR/GBP.

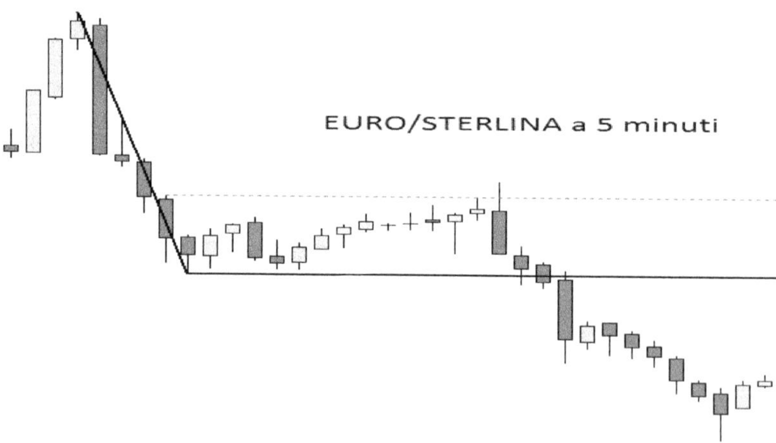

SEGRETO n. 3: il pattern a L permette di sfruttare i migliori *breakout* ribassisti *intraday*.

Ora andiamo a studiare la strategia basata sui ***breakout* delle candele ad ampio range** a 5 minuti. È una tecnica molto interessante per prendere posizione a seguito di un improvviso aumento della volatilità dopo una fase laterale con pochi spunti operativi.

Questa strategia ha buone probabilità di successo quando si formano figure di analisi tecnica elementari, come i triangoli, i cunei, le *flag*, i pennoni, canali e le *trendline*. Si tratta di pattern che prevedono una netta contrazione del range medio delle candele prima dell'esplosione della volatilità, in grado di generare un veloce movimento di inversione o di continuazione del trend.

La mia strategia prevede che una candela ad ampio range sia caratterizzata da questi elementi distintivi (versione rialzista):

- range (cioè la distanza tra massimo e minimo) superiore a quello delle ultime 5 candele;
- chiusura superiore o uguale a quella delle ultime 5 candele.

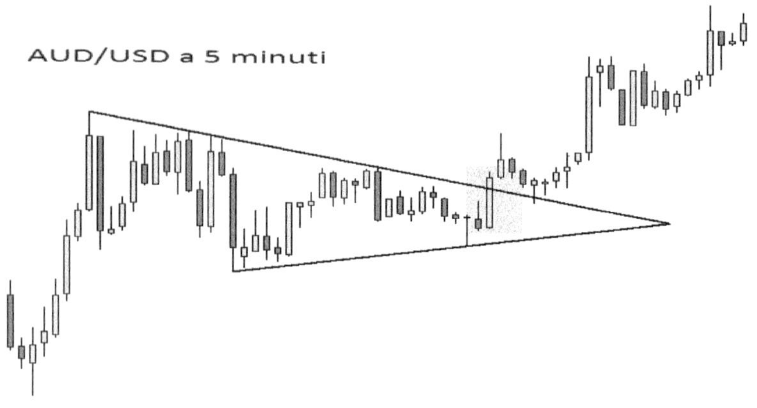

Per quanto riguarda la versione ribassista:

- range superiore a quello delle ultime 5 candele;
- chiusura inferiore o uguale a quelle delle ultime 5 candele.

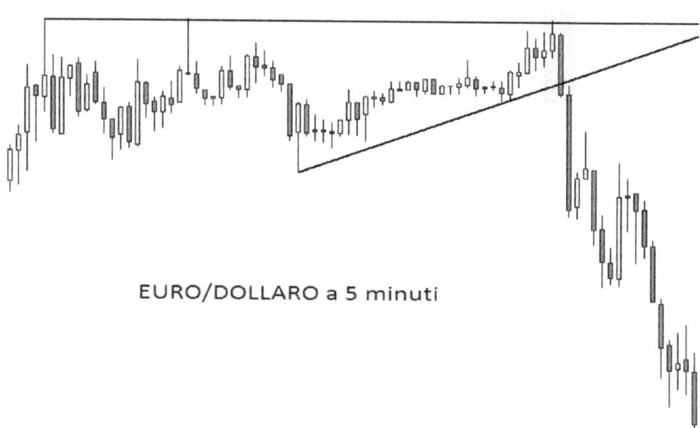

L'ingresso avviene a seguito del *breakout* del massimo/minimo della candela ad ampio *range* con stop loss sotto il minimo/massimo della candela stessa. Il target (tutto o in parte, a discrezione del trader) può essere inserito sempre ad almeno una volta e mezzo il rischio iniziale. L'ampiezza dello stop loss di solito è compresa tra 8 e 20 pip.

Preferisco non utilizzare questa strategia in occasione della comunicazione di importanti dati macroeconomici (PIL, tassi di interesse, non-*farm payrolls*, indici di fiducia ecc.), in quanto la volatilità aumenta notevolmente e si corre il rischio di imbattersi in movimenti errati dei prezzi.

Andiamo ora a scoprire come gestire un *trade* aperto utilizzando questa strategia. L'esempio è relativo al grafico a 5 minuti del tasso di cambio dollaro/yen. Dopo una buona ascesa dei prezzi, il trend inizia gradualmente a perdere forza e si forma una candela ad ampio range che taglia al ribasso la trendline rialzista di brevissimo periodo. Si interviene short a 81,93 con stop loss a 82,02. Il rischio è di 9 pip. Possiamo subito inserire anche il primo target a 1,5 volte il rischio iniziale, cioè a 81,80.

Andiamo ad analizzare un altro esempio, questa volta su euro/dollaro, sempre utilizzando un *time frame* a 5 minuti. Possiamo notare come il *breakout* della volatilità, che avviene con la formazione della *wide range candle*, sia praticamente sempre una conseguenza della rottura di un pattern di analisi tecnica elementare che fino a quel momento ingabbiava i prezzi all'interno di una fase con bassa volatilità. Nel prossimo grafico è possibile visualizzare il momento dell'ingresso sul mercato, l'individuazione dello stop iniziale e del target.

Di seguito ancora un esempio, questa volta su euro/yen.

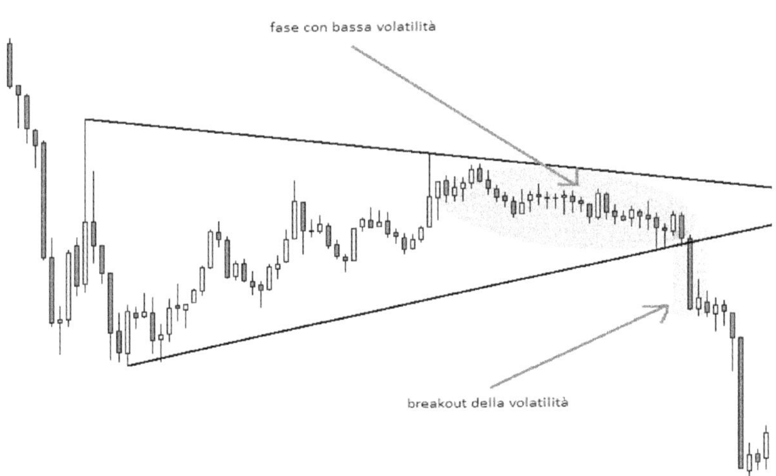

La strategia basata sul *breakout* della volatilità utilizzando le candele ad ampio range è molto utile per catturare movimenti direzionali che ancora non hanno espresso tutto il loro potenziale. Questa tecnica è più indicata per i trader molto dinamici che hanno maggior tempo da dedicare all'analisi del mercato nell'*intraday*.

SEGRETO n. 4: il *breakout* della volatilità permette di catturare i movimenti direzionali che ancora non hanno espresso tutto il loro potenziale.

RIEPILOGO DEL CAPITOLO 1:

- SEGRETO n. 1: per avere successo nel trading bisogna superare la paura di sbagliare e di perdere denaro.
- SEGRETO n. 2: bisogna ricercare i migliori *breakout* poco dopo l'apertura della Borsa di Wall Street.
- SEGRETO n. 3: il pattern a L permette di sfruttare i migliori *breakout* ribassisti *intraday*.
- SEGRETO n. 4: il *breakout* della volatilità permette di catturare i movimenti direzionali che ancora non hanno espresso tutto il loro potenziale.

CAPITOLO 2:
Come utilizzare le strategie *intraday*

Nel primo capitolo abbiamo visto come il Forex possa essere suddiviso in tre sessioni principali. Inoltre, alcune fasce orarie risultano più interessanti per essere analizzate con l'obiettivo di ricercare le migliori opportunità di trading *intraday*. Dai miei studi effettuati sul Forex, ho potuto constatare anche un'altra fascia oraria potenzialmente molto profittevole.

Si tratta dell'arco temporale che va dalle ore 13:30 alle ore 14:30, che coincide con l'ingresso sul mercato dei trader americani. Generalmente sono molto aggressivi e cercano di dare un nuovo impulso ai trend che si sono formati nella prima parte della giornata, nel corso della sessione europea.

In questa fascia oraria i volumi tendono ad aumentare sensibilmente, in quanto la sessione europea e quella americana si intrecciano. Sul mercato iniziano a prendere posizione anche i grandi investitori istituzionali di New York, come le banche d'affari, gli *hedge funds* e i *proprietary trader*. Tuttavia, non sono rari anche i ribaltamenti del trend precedente, soprattutto quando sono in agenda alcuni *market mover* particolarmente rilevanti.

Ho notato che in questa fascia oraria si formano spesso delle fasi laterali caratterizzate da bassa volatilità. È probabile che queste congestioni siano necessarie per mantenere ingabbiate le quotazioni all'interno di un box prima della salita a bordo delle cosiddette "mani forti", ovvero i grandi investitori istituzionali.

Dunque possiamo sfruttare queste fasi di apparente tranquillità per intervenire sul successivo ***breakout*** **della congestione**, all'interno della quale i prezzi si stanno muovendo senza mostrare una direzione precisa. Nella maggior parte dei casi sarà conveniente entrare sul *breakout* nella direzione del trend mattutino. Le probabilità di successo aumentano sensibilmente, ma a volte avvengono anche delle inversioni del trend molto robuste.

Per capire meglio questo tipo di configurazioni grafiche pomeridiane, aiutiamoci come sempre con qualche esempio.

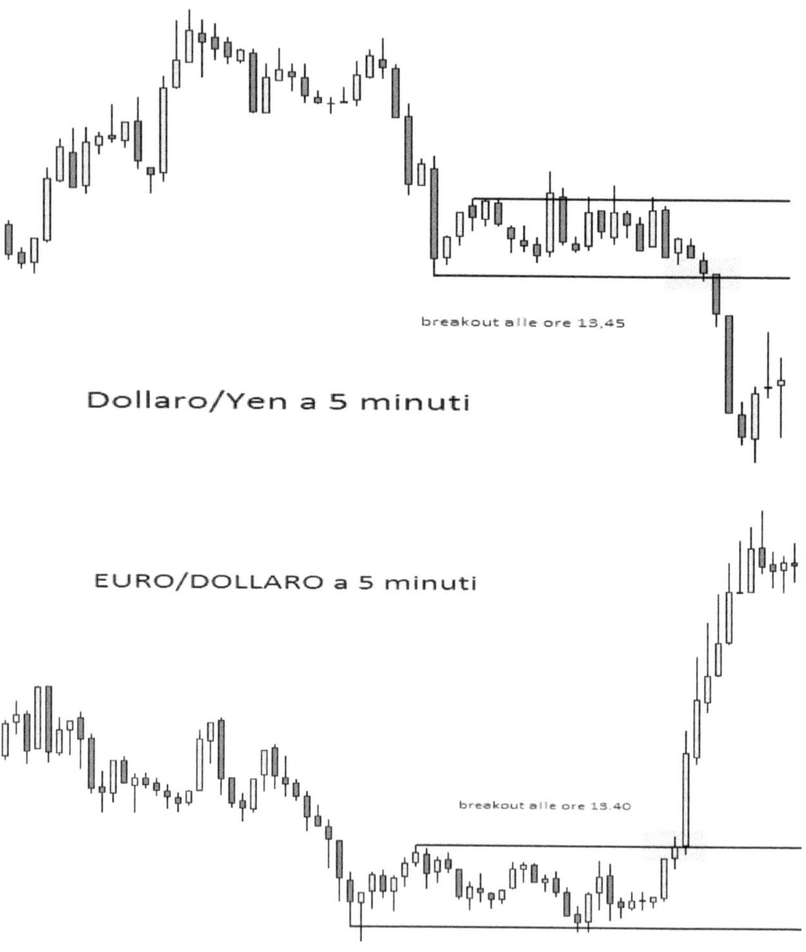

I due grafici mostrati su USD/JPY prima, ed EUR/USD poi, presentano rispettivamente il *breakout* di una fase laterale nella direzione del trend mattutino e il *breakout* di una congestione che genera, invece, un'inversione del trend. A seguito del *breakout* i movimenti del prezzo sono piuttosto forti e veloci.

In generale, le congestioni possono avvenire in qualsiasi momento della giornata. Tuttavia, in questo arco temporale, possono essere molto interessanti e facilmente individuabili, considerando che siamo vicini alla pubblicazione dei primi *market mover* americani e all'apertura dei listini azionari di Wall Street. L'interesse per i dati macroeconomici richiama l'attenzione di molti trader, sia istituzionali che privati, generando spesso dei movimenti direzionali.

Proviamo ora a simulare un intervento sul mercato utilizzando questa strategia ed effettuando la solita gestione dell'operazione, seguendo le istruzioni di *trade management* fornite nel primo capitolo. L'esempio si riferisce al tasso di cambio dollaro/franco svizzero, che nel corso della mattinata è stato interessato da un forte movimento direzionale al rialzo.

Dopo aver formato un massimo *intraday* in area 0,97, i prezzi iniziano una fase di consolidamento, generando così un movimento laterale con bassa volatilità che dura per circa due ore e mezza. Intorno alle ore 14:20 avviene il *breakout* della congestione stretta, che fornisce un'opportunità d'acquisto.

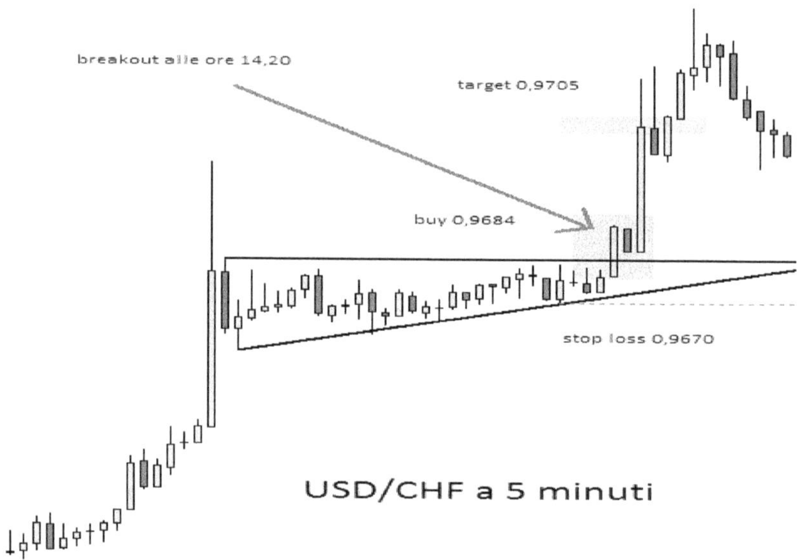

Entriamo long a 0,9684 con stop loss iniziale a 0,9670. Il rischio che ci accolliamo è di 14 pip, per cui il nostro target minimo è 0,9705, cioè a 1,5 volte il rischio iniziale. Nel giro di un quarto d'ora il target viene raggiunto, anzi i prezzi riescono anche a salire ulteriormente prima di iniziare una fisiologica correzione. Questa strategia può essere utilizzata anche su quelle che chiamo "*hard currency*", cioè le monete forti, come l'oro e l'argento.

Nel grafico in alto possiamo notare un bellissimo movimento rialzista dell'argento a seguito del *breakout* di area 33$, intorno alle ore 13:40, che spinge i prezzi fino a 33,43$ l'oncia in meno di mezz'ora.

SEGRETO n. 5: si possono ricercare le congestioni tra le ore 13:30 e le ore 14:30 per guadagnare con i *breakout* esplosivi provocati dai grandi investitori istituzionali.

Generalmente non sono mai stato attratto dalle tecniche di trading basate sulle inversioni del trend, perché ho sempre avuto la sensazione di dover afferrare al volo un coltello in caduta verticale, così sono stato lontano da questa tipologia di ingressi sul mercato. Tuttavia, nel corso del tempo ho dovuto ricredermi, trovando diversi spunti operativi da alcuni specifici pattern.

Queste strategie contano ancora poco più di un 25% dei miei ingressi nell'*intraday*, ma ho pensato di massimizzare questa percentuale sfruttando esclusivamente alcune particolari situazioni di *climax*, cioè quando i prezzi si spingono eccessivamente oltre il loro effettivo potenziale. Il mio obiettivo diventa così quello di entrare sul mercato per sfruttare la successiva inversione del trend, alimentata inizialmente dalle prese di beneficio e poi dall'ingresso dei trader con posizioni *contrarian* al trend principale.

Ho notato che solo alcune configurazioni grafiche hanno maggiori probabilità di successo rispetto alle altre. Il contesto da me preferito per cercare inversioni del trend sui grafici a 5 minuti è il seguente (versione ribassista):

- ascesa quasi verticale di almeno 70 pip;
- alla fine del trend, formazione di una candela che apre vicino al massimo e chiude in prossimità del minimo;
- questa candela deve formare un nuovo massimo *intraday*.

Per la versione rialzista, invece, è necessaria la formazione di questi elementi specifici:

- discesa quasi verticale di almeno 70 pip;
- alla fine del trend, formazione di una candela che apre vicino al minimo e chiude in prossimità del massimo;
- questa candela deve formare un nuovo minimo *intraday*.

Può esserci anche una piccola variante riguardo la candela di inversione del trend. Il massimo o il minimo di questa candela possono presentare anche una *higher* o *lower shadow*, cioè una coda lunga che identifica ancor di più un esaurimento della tendenza principale.

È molto importante, però, trovare sempre casi di fortissimi rialzi o ribassi caratterizzati da poche interruzioni lungo il trend. Senza questo requisito indispensabile il pattern non ha grande rilevanza. Andiamo ad analizzare nuovi esempi, in modo tale da avere maggiore familiarità con questa configurazione grafica.

La gestione del trade è la stessa utilizzata per le precedenti strategie di scalping. Dopo l'ingresso sul mercato, inserisci sempre un target che sia almeno 1,5 volte il rischio iniziale. Inoltre, l'ampiezza dello stop loss non dovrebbe mai essere superiore ai 20 pip.

Se il rischio è maggiore di 20 pip, il mio consiglio è di lasciar perdere l'operazione (o diminuire eventualmente l'effetto leva) e aspettarne un'altra più interessante.

Al pari delle altre strategie, anche questa basata sulle inversioni che fanno seguito a contesti di *climax* è molto semplice da applicare concretamente sul mercato. Proviamo a simulare un trade su USD/CHF che ha presentato questa configurazione grafica.

Dopo una veloce salita di circa 70 pip, i prezzi completano il pattern di inversione del trend formando un nuovo massimo *intraday*. Entriamo short a 0,9764 con stop loss iniziale a 0,9777

per un rischio di 13 pip. Il target minimo verrà inserito a 1,5 volte il rischio iniziale, cioè a 0,9745, che sarà raggiunto in poco più di mezz'ora. Attenzione però: gli esempi tutti positivi non vogliono dimostrare l'infallibilità del pattern. È infatti possibile subire delle perdite, ma ora l'obiettivo è mostrare le figure più o meno standard che dovrebbero presentarsi per ottenere un setup.

SEGRETO n. 6: il *climax* pattern permette di scoprire le inversioni del trend più profittevoli dopo un movimento direzionale di almeno 70 pip.

Un'altra strategia di scalping che sfrutta l'esaurimento della tendenza principale per entrare sul mercato in direzione contrarian è quella che utilizza le cosiddette "**candele pinocchio**" (o *pin candle*). Si tratta di candele che compaiono alla fine di un trend, rialzista o ribassista, caratterizzate dalla presenza di una lunga shadow. La coda molto pronunciata forma un nuovo massimo o minimo di giornata e identifica un esaurimento del trend, che con tutta probabilità genererà un'inversione.

Queste candele vengono dette "pinocchio" perché mentono sulla reale direzione del trend: infatti, prima realizzano un nuovo top o bottom in linea con il trend principale, ma poi invertono bruscamente segnalando un esaurimento della forza della tendenza primaria.

Vediamo subito qualche esempio per capire meglio questo pattern di prezzo.

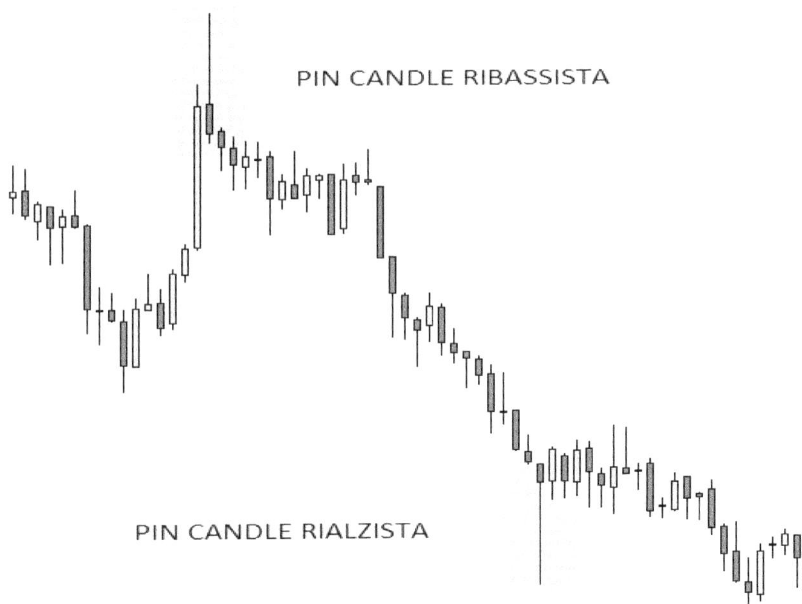

Si può notare subito la lunga coda che caratterizza il pattern. Per ottenere un setup, cioè una potenziale opportunità di trading, la coda dovrà essere almeno il doppio del corpo (o *real body*) della candela pinocchio.

Sono da evitare, invece, gli spike di prezzo che coincidono con code caratterizzate da una lunghezza anche 4-5 volte superiore a quella del *real body*. In questo caso un eventuale intervento operativo aumenterebbe troppo il rischio iniziale (in numero di pip), rendendo difficile il raggiungimento del target.

Come si evince dagli esempi, il corpo deve essere molto piccolo (di solito non più di 5-6 pip) ma non importa quale colore assume. Anche per le *pin candle* la gestione del trade è praticamente identica a quella applicata alle altre strategie di scalping.

Andiamo a vedere qualche esempio di trade simulato. Il primo è relativo a euro/franco svizzero. È la versione rialzista del pattern, per cui la *pin candle* appare alla fine di un *bearish trend.*

Dopo la formazione della *pin candle*, si entra long a 1,2992 con stop loss a 1,2972. Il target è a 1,5 volte il rischio iniziale, per cui va inserito a 1,3022. In meno di mezz'ora viene raggiunto senza grandi difficoltà.

Il prossimo esempio si riferisce a euro/yen. La *pin candle* appare alla fine di un *bullish trend*, per cui identifica una possibile inversione ribassista dei prezzi.

Il rischio iniziale è di 14 pip e ci è mancato poco che lo stop loss venisse raggiunto. Tuttavia, la resistenza identificata dal massimo della *pin candle* riesce ad allontanare nuovamente i prezzi, e nel giro di un'ora, viene raggiunto il target ipotizzato.

L'ultimo esempio riferito alle *pin candle* che analizziamo riguarda il cambio sterlina/dollaro.

La formazione della *pin candle* ribassista è piuttosto evidente, anche se ci vorranno più di due ore e mezza prima che venga raggiunto il target ipotizzato. Tuttavia, dal momento in cui viene aperto il trade, è possibile gestire l'operazione anche in modo più conservativo. Ad esempio, se andiamo in *paper profit* di almeno 15 pip, possiamo anche portare lo stop loss in pareggio senza rischiare più nulla e dedicarci all'analisi di altre eventuali opportunità di scalping.

Le "candele pinocchio" sono un'altra figura di analisi grafica appartenente alla famiglia dei "*climax* pattern", cioè quelle configurazioni che identificano un esaurimento della tendenza principale. Possono essere utilizzate in qualsiasi momento della giornata e, da un punto di vista statistico, mostrano un'elevata probabilità di successo.

SEGRETO n. 7: le "candele pinocchio" permettono di sfruttare i trend in fase di esaurimento.

RIEPILOGO DEL CAPITOLO 2:

- SEGRETO n. 5: si possono ricercare le congestioni tra le ore 13:30 e le ore 14:30 per guadagnare con i *breakout* esplosivi provocati dai grandi investitori istituzionali.
- SEGRETO n. 6: il *climax* pattern permette di scoprire le inversioni del trend più profittevoli dopo un movimento direzionale di almeno 70 pip.
- SEGRETO n. 7: le "candele pinocchio" permettono di sfruttare i trend in fase di esaurimento.

CAPITOLO 3:
Come diventare manager di se stessi

Fino a questo momento abbiamo analizzato la parte tecnica, cioè quando entrare sul mercato (timing di ingresso), e come gestire le operazioni di scalping da un punto di vista del *risk management*, cioè dove inserire lo stop loss e il *take profit*. In quest'ultimo capitolo non parleremo del *position sizing*, cioè con quanti contratti entrare sul mercato, ma parleremo, invece, di come organizzarsi al meglio per analizzare l'andamento della propria operatività nel lungo periodo.

È anche vero che restringere l'analisi del *position sizing* a un unico capitolo è davvero riduttivo considerando l'impatto decisivo che questo argomento può avere nell'operatività di un trader.

In linea generale, consiglio a tutti gli aspiranti *forex scalper* di procedere per gradi e di aumentare l'esposizione sul mercato soltanto quando i risultati diventano più che soddisfacenti.

Il primo passo necessario per iniziare al meglio l'operatività di scalper sul Forex è decidere un budget iniziale da destinare a questa attività. Innanzitutto, bisogna distinguere tra *initial capital* e *working capital.*

Il capitale iniziale è quello che comprende tutte le spese per: l'attrezzatura (pc e monitor), il software (nel caso in cui si scelga una soluzione molto professionale, ma più costosa), le spese d'ufficio (telefono, internet, luce ecc.) e le spese per la formazione (corsi individuali e abbonamenti a newsletter). Il capitale da lavoro, invece, è semplicemente il versamento iniziale per aprire un account con denaro reale presso un broker autorizzato.

In generale si può ottenere una buona formazione, sia base che avanzata, anche per meno di 1000 €, considerando la forte concorrenza tra i principali operatori del settore che propongono lezioni sul mercato delle valute. Questa guida sullo scalping insieme ad altre offerte dalla Bruno Editore in tema di crescita finanziaria _che non vuole sostituirsi completamente a un buon corso di formazione, rappresenta già un ottimo modo per prepararsi bene in vista dell'operatività pratica con denaro reale.

L'avvento dei prodotti digitali (ebook, videocorsi, audioguide, canali web dedicati ecc.) ha cambiato enormemente il modo di fare (e ricevere) formazione, abbattendo soprattutto i costi per l'utente finale. Proprio attraverso gli ebook, per una manciata di euro, è possibile apprendere strategie che altrimenti costerebbero anche qualche centinaia di euro a lezione.

Per quanto riguarda, invece, il capitale da versare sul primo account con denaro reale, la scelta è molto soggettiva. Iniziare con i piedi ben piantati a terra è la soluzione migliore, per cui un versamento compreso tra 1000 e i 2000 € può essere più che sufficiente per cominciare a lavorare con tranquillità utilizzando i **mini-lotti** o i **micro-lotti**.

Dopo esserci organizzati con hardware e software, aver acquisito la conoscenza base del mercato e aperto il nostro account con *real money*, sarà possibile iniziare a muovere concretamente i primi passi utilizzando le strategie di scalping proposte in questa guida. Inizialmente consiglio di lavorare con un solo **micro-lotto** da 0.05, cioè la metà di un **mini-lotto** che a sua volta è 1/10 del contratto standard.

È un suggerimento per tutti coloro che sperimentano le strategie di scalping e che magari hanno un basso livello di tolleranza al rischio. Considerando che il rischio massimo per trade dei pattern che abbiamo studiato nei precedenti capitoli è di una ventina di pip, i profitti e le perdite espressi con un **micro-lotto** da 0.05 saranno solitamente compresi tra 10 € e 15 €.

Si tratta di cifre unitarie irrisorie, questo è vero. Tuttavia, quello che all'inizio deve davvero interessarti di più non è guadagnare tanto denaro, bensì **costruire un solido *trading system* che supporti il tuo stile operativo nel lungo periodo**. Meglio guadagnare o perdere poco oggi e avere sicurezza in se stessi con profitti regolari domani, piuttosto che generare profitti occasionali oggi e soffrire tanto domani.

Quello che ci interessa è consolidare il metodo di trading, portare avanti un progetto senza abbandonare la nave alla prima difficoltà. Non ho mai visto nessuno avere successo in un'attività senza fare sacrifici. Anche per l'attività di trading vale lo stesso. Quindi, soprattutto all'inizio, servirà tanto impegno e dedizione prima di macinare profitti regolarmente.

Organizzare una "giornata-tipo" è semplice e bastano davvero pochi accorgimenti. Ogni sera bisogna verificare i tassi di cambio che presentano i trend direzionali più interessanti, quelli in congestione e i livelli-chiave. Personalmente seguo un ventaglio di tassi di cambio molto ampio, ma alla fine scelgo massimo cinque coppie di valute per l'operatività del giorno successivo.

Non manca mai EUR/USD, mentre per quanto riguarda le altre coppie di valute effettuo una rotazione in base all'attrattività o meno del tasso di cambio espressa sul grafico giornaliero (percezione del *sentiment* di mercato, presenza di un forte trend, formazione di pattern di continuazione/inversione del trend ecc.).

Prima di mostrarti una mia "giornata-tipo" sul mercato dei cambi, facciamo un breve riassunto delle strategie di scalping da utilizzare durante la giornata:

- *breakout* di massimi/minimi *intraday*;
- *breakout* delle candele ad ampio range;
- *breakout* del **pattern a L** per gli *short trades*;
- *breakout* delle congestioni (ore 13:30-14:30);
- inversioni del trend con *climax* pattern e *pin candle*.

Ora siamo pronti per affrontare una giornata di trading. Ti mostrerò la mia giornata di lunedì 28 Febbraio 2011. In *watchlist* avevo inserito i seguenti tassi di cambio: EUR/USD, EUR/JPY, GBP/USD, USD/CAD, USD/CHF. Iniziamo a lavorare nella sessione europea.

La prima cosa che faccio ogni mattina intorno alle ore 8:30 è controllare la chiusura della Borsa di Tokyo e della Borsa di Shanghai. Quella mattina entrambe avevano chiuso la seduta sopra lo 0,9%, in linea con il buon andamento mostrato dagli indici azionari di Wall Street. Controllare le chiusure degli indici asiatici prima dell'inizio della sessione europea può essere utile per verificare il *sentiment* del mercato.

Infatti chiusure molto positive degli indici azionari asiatici potrebbero anticipare un movimento positivo anche per le piazze finanziarie europee con la conseguenza di impattare negativamente sulle valute rifugio, come il dollaro americano, lo yen e il franco svizzero, favorendo invece euro e sterlina. Partendo da queste informazioni si può iniziare ad avere un'idea generale della seduta che ci aspetta.

Un'altra cosa da fare è controllare se è in programma la comunicazione di *market mover* importanti in Europa e nel Regno Unito. Il 28 febbraio era in programma soltanto il CPI Index (indice dei prezzi al consumo) in Europa alle ore 11, un dato che seppur importante _ di solito non ha un forte impatto sul Forex.

Ore 9:00: apre la City e con essa gli indici azionari europei (vedi linea tratteggiata rossa nel prossimo grafico).

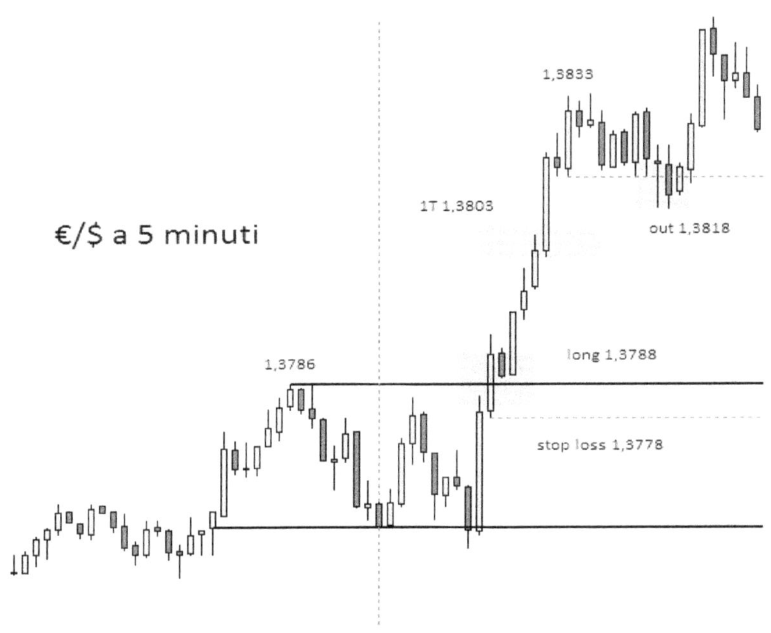

Il cambio euro/dollaro aveva formato un massimo di giornata nella sessione asiatica a 1,3786. Dopo circa quaranta minuti dall'apertura delle Borse continentali, ecco apparire la prima opportunità di scalping della seduta. Si forma una candela ad ampio range che si avvicina ai top di giornata.

A seguito della rottura prendiamo posizione a 1,3788 con stop loss sotto il minimo della candela di *breakout* a 1,3778 e target a

1,5 volte il rischio iniziale, cioè a 1,3803. Nel giro di venti minuti il target viene raggiunto (personalmente avevo preferito gestire il trade con due contratti, liquidando la restante posizione a 1,3818). Prendiamo nota del risultato: +15 pip.

Ore 13:30: andiamo alla ricerca delle congestioni prima della pubblicazione dei *market mover* delle ore 14:30. Non c'è quasi nulla su cui lavorare, ma possiamo annotarci i dati in programma. Troviamo alcuni dati americani con impatto molto basso, ma sarà pubblicato il dato sul PIL canadese (atteso a +0,3% m/m) che invece dovrebbe avere un forte impatto sul cambio USD/CAD e, più in generale, sul dollaro canadese. Sui dati inserisco gli ordini condizionati oppure resto semplicemente fermo.

Ore 14:30: intorno alle ore 14:15 decido di inserire due ordini condizionati sul cambio USD/CAD per sfruttare la volatilità post-dato. Inserisco un ordine "buy stop" a 0,9790 con stop a 0,9774 e target a 0,9814, contestualmente anche un ordine "sell stop" a 0,9769 con stop a 0,9783 e target a 0,9748. L'attivazione di un ordine cancella automaticamente l'altro (o long o short).

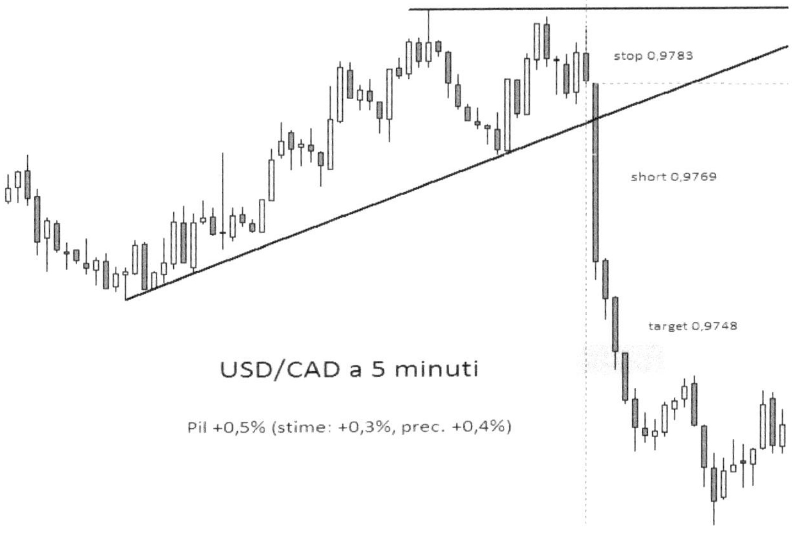

Alle ore 14:30 in punto avviene la comunicazione del dato sul PIL canadese su base mensile. Il dato è positivo, in quanto è stata registrata una crescita superiore alle attese (+0,5% contro +0,3%) ma anche migliore rispetto al mese precedente (+0,4%). Gli investitori acquistano dollari canadesi a mani basse: si attiva l'ordine short e in meno di un quarto d'ora viene raggiunto il target. Risultato: +21 pip.

Finora la giornata è molto positiva, ma non è ancora finita, in quanto tra non molto inizieranno le contrattazioni sugli indici azionari della Borsa newyorkese. Ora bisogna segnarsi sul proprio block-notes gli ultimi dati importanti della giornata. Osservando l'agenda macroeconomica, noto che restano soltanto l'indice PMI di Chicago (ore 15:45) e la vendita di case esistenti (ore 16:00). Si tratta di due dati che di solito non hanno un grande impatto sulle valute, ma è meglio annotarli nel caso in cui si dovesse prendere posizione su qualche tasso di cambio.

Ore 15:30: apertura degli indici azionari americani. È il momento più atteso dagli investitori e anche io cercherò di seguire con attenzione questa fase del mercato, visto che spesso prendono forma grossi movimenti direzionali. Per ora la seduta è stata molto favorevole all'euro, mentre dollaro americano e yen giapponese sono stati colpiti da forti vendite.

Con l'apertura di Wall Street continuo a seguire euro/dollaro ed euro/yen che si trovano sui massimi di giornata. Poco dopo l'apertura della Borsa di Wall Street mi soffermo su euro/yen, che non è riuscito a superare i top *intraday* e ora potrebbe subire una maggiore pressione in vendita dopo la corsa rialzista nella prima parte della giornata.

All'improvviso ecco la formazione di una candela ad ampio range negativa, che sembra poter spingere i prezzi al ribasso dopo una fase laterale sotto i massimi *intraday*. Prendo posizione short a 113,12 con stop loss a 113,29 e target a 112,87.

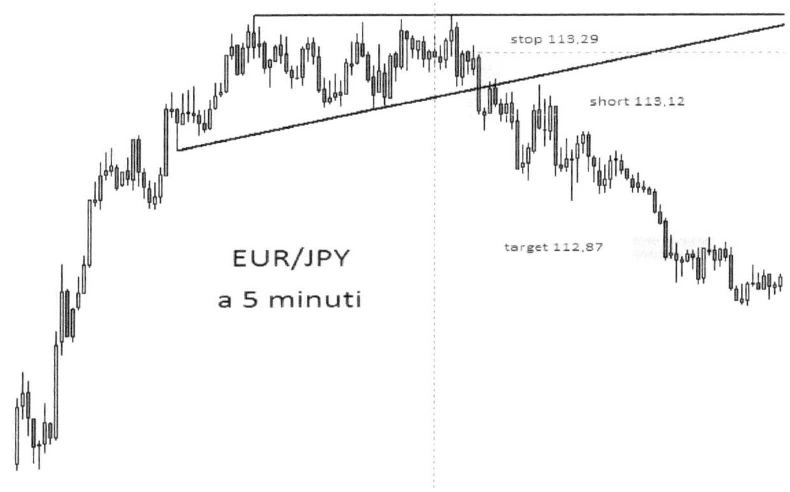

Il *trade short* aperto su euro/yen non si muove subito nella direzione sperata e mostra un andamento lateral-ribassista che mi costringe a mantenere la posizione in bilico tra lo stop pieno e il possibile *take profit*. Decido di chiudere la mia piattaforma di trading con lo stop loss e il target inserito in macchina, evitando così di seguire minuto per minuto l'andamento delle contrattazioni.

Il target verrà raggiunto solo intorno alle ore 19, così anche questa operazione si chiude con un buon profitto. Risultato: +25 pip. Alla fine chiudo la seduta con un ottimo risultato: +61 pip con tre operazioni tutte positive. Non sempre le giornate sono così positive, ma di solito si riescono a ottenere buoni risultati rispettando rigorosamente il piano d'azione e il *risk management.*

La parola d'ordine per un *forex scalper* deve essere **disciplina**, **disciplina**, **disciplina**! L'organizzazione scrupolosa del lavoro quotidiano può portarti davvero lontano. Quindi, ogni giorno organizza la giornata stilando una lista dei tassi di cambio "preferiti", annota i *market mover* in agenda e vai alla ricerca dei pattern per il *forex scalping* che ti ho spiegato in questa guida.

SEGRETO n. 8: occorre definire ogni giorno il proprio piano d'azione per ricercare solo le migliori opportunità di scalping.

Ogni sera sarà poi indispensabile effettuare la valutazione della giornata trascorsa sul mercato, analizzando minuziosamente l'operatività di scalping. L'obiettivo è capire cosa facciamo bene e cosa facciamo male, per procedere eventualmente con alcune correzioni prima di creare pasticci nelle sedute successive.

Per valutare correttamente l'operatività potremmo rispondere alle seguenti domande:

- Per quale motivo ho preso posizione sul mercato?
- Quali strategie ho utilizzato? Ho centrato il punto di ingresso e quello di uscita?
- A quanto ammontava il rischio iniziale dei trade che ho effettuato?
- Ho controllato i dati macroeconomici in agenda?
- Quanti contratti ho utilizzato in ogni trade? Per quale importo? Li ho aumentati o diminuiti? Perché?
- Sono soddisfatto del mio operato in questa sessione di trading?

Possiamo poi fare ulteriori valutazioni statistiche analizzando l'operatività per fasce orarie. Sono certo che rimarrai stupito quando troverai orari in cui riesci a guadagnare molto e altri decisamente meno profittevoli. Puoi procedere nel seguente modo.

Crea una tabella dividendo la sessione operativa in alcune fasce orarie principali, ad esempio: 8:30 - 11:30; 11:30 - 13:30; 13:30 - 15:30; 15:30 - 17:30; 17:30 - 20:30. In generale, non dovresti aprire/chiudere ulteriori trade oltre le ore 17, salvo situazioni eccezionali, oppure quando hai ancora uno o più tassi di cambio in portfolio.

Per ogni fascia oraria annota il numero delle operazioni chiuse in profitto e quelle chiuse in perdita. Alla fine segna il totale *profit/loss* delle operazioni effettuate per ogni arco temporale.

Come detto in precedenza, dovresti ottenere risultati diversi per ogni specifica fascia oraria. Ripeti questo esercizio ogni settimana, così avrai uno storico da valutare con attenzione per conoscere i momenti migliori della tua operatività in base al metodo che stai utilizzando.

Lo scopo di questa analisi statistica è ottimizzare il proprio lavoro nel lungo periodo aumentando l'operatività negli orari più profittevoli e diminuendo il numero delle operazioni negli orari caratterizzati da profitti più bassi o addirittura con una prevalenza di trade negativi. Questo semplice esercizio ti permetterà di evitare numerose perdite in futuro!

SEGRETO n. 9: bisogna aumentare l'operatività negli orari più profittevoli e diminuirla negli orari con bassi profitti o maggiori perdite.

Ci sono anche altri modi per ottimizzare la propria operatività di scalping. Uno dei più interessanti è accantonare gran parte dei profitti giornalieri conseguiti, continuando a fare scalping rischiando soltanto una piccola parte dei profitti stessi. Lo scopo è massimizzare le giornate in cui siamo in grande forma e in simbiosi con il mercato.

Quante volte ti sarà capitato di realizzare buoni profitti dopo 3-4 trade e ritenere il tutto sufficiente per chiudere definitivamente la seduta? Con questo metodo, invece, arresteremo l'operatività soltanto quando inizieremo a perdere una piccola parte dei profitti accumulati fino a quel momento.

La seguente tabella è un classico esempio di come procedere con l'accantonamento dei profitti.

Profitto	Accantonamento
40 euro	30 euro
50 euro	35 euro
70 euro	55 euro
80 euro	60 euro
90 euro	75 euro
100 euro	80 euro
…	…

Quindi andremo avanti con l'operatività fino a quando non sarà il mercato stesso a buttarci fuori costringendoci a chiudere definitivamente la giornata di trading.

SEGRETO n. 10: è possibile aumentare i guadagni giornalieri con il metodo dell'accantonamento dei profitti.

RIEPILOGO DEL CAPITOLO 3:

- SEGRETO n. 8: occorre definire ogni giorno il proprio piano d'azione per ricercare solo le migliori opportunità di scalping.
- SEGRETO n. 9: bisogna aumentare l'operatività negli orari più profittevoli e diminuirla negli orari con bassi profitti o maggiori perdite.
- SEGRETO n. 10: è possibile aumentare i guadagni giornalieri con il metodo dell'accantonamento dei profitti.

Conclusione

Vorrei concludere questo lavoro con alcuni consigli per tutti gli aspiranti *forex scalper* e per chi già si cimenta da tempo in questa attività. Trasformare lo scalping sul Forex in un'attività redditizia è possibile. Tuttavia, non pensare di dover battere il mercato per raggiungere questo obiettivo. Pensa soprattutto a superare i tuoi limiti e a combattere le tue paure.

Impara a diventare un trader sempre più saggio sui mercati, non dare mai nulla per scontato e accetta le perdite come costo fisiologico di questa attività. Rispetta il piano d'azione che hai stilato prima di iniziare la seduta operativa e non dimenticare mai di utilizzare gli stop loss. Ricorda anche, soprattutto, di non passare da un metodo a un altro nel giro di pochi giorni o settimane.

Questo errore è molto comune tra i trader in erba ed è anche la causa della maggior parte delle perdite. Una volta deciso di utilizzare un metodo, impara a "volergli bene": lavora per ottimizzarlo e non pensare come sostituirlo nel minor tempo possibile...

Agisci sempre con grande serenità: se non ti senti tranquillo, c'è qualcosa che non va dentro di te! Non prendertela con il mercato, con le strategie o con amici e parenti... Fermati per qualche giorno, rilassati e ricomincia abbassando il capitale di ingresso sul mercato. Annota tutto in un diario di trading, senza lasciare nulla al caso. Se sarai in grado di rispettare le "regole del gioco", nel giro di qualche mese, resterai sorpreso dai miglioramenti nella tua operatività.

Siamo giunti alla fine di questo corso di *forex scalping*. Rileggi più volte questa guida e inizia subito a testare le strategie proposte per qualche settimana (in demo o con i **micro-lotti**). Sono certo che riuscirai a trovare il modo giusto per ritagliarti uno spazio producente in questo settore. Non dimenticare di essere sempre disciplinato e di impegnarti a fondo per raggiungere i tuoi obiettivi. Buon trading!

L'autore

Nicola D'Antuono, studi in Economia del Commercio Internazionale e dei Mercati Valutari, è un trader professionista con esperienza pluriennale sui principali mercati finanziari. Ha partecipato come conferenziere ai principali eventi didattici sul trading, come *l'Italian Trading Forum* e *Tradando*, e ha collaborato in qualità di formatore con alcune società di intermediazione mobiliare. Scrive regolarmente per la newsletter dell'ITF, a cui partecipano i migliori trader, gestori e consulenti finanziari italiani. Fondatore della *ND Trading & Investimenti* e del sito www.nicoladantuono.com, ha creato una *trading room* in provincia di Salerno. Effettua quotidianamente operazioni di trading su azioni, bond, valute, oro e argento.

www.ingramcontent.com/pod-product-compliance
Ingram Content Group UK Ltd.
Pitfield, Milton Keynes, MK11 3LW, UK
UKHW022011190726
13853UKWH00004B/1866